7 Février 1895.

V

VENTE DU JEUDI 7 FÉVRIER 1895

HOTEL DROUOT, SALLE N° 6

A DEUX HEURES

INTÉRESSANTE RÉUNION

OBJETS DE CURIOSITÉ

ET

D'AMEUBLEMENT

DE LA RENAISSANCE

DES

XVIIe ET XVIIIe SIÈCLES

REMARQUABLES TAPISSERIES

ÉTOFFES

Me G. BOULLAND	**M. A. BLOCHE**
Commissaire-priseur	Expert
26, rue des Petits-Champs, 26	28, Rue de Châteaudun, 28

EXPOSITION PUBLIQUE

Le Mercredi 6 Février 1895, de 2 h. à 6 h.

IMPRIMERIE ARTISTIQUE

E. MÉNARD & Cie

Bureaux et Ateliers: PARIS — 8, RUE MILTON

CATALOGUE
DE
OBJETS DE CURIOSITÉ
ET
D'AMEUBLEMENT
DE LA RENAISSANCE
DES XVIIe ET XVIIIe SIÈCLES

REMARQUABLES TAPISSERIES

COMPOSITIONS INSPIRÉES

Des Cartons de **Van ORLEY**

Et autres Maîtres de l'Époque

TENTURES, ÉTOFFES, FERS FORGÉS, SCULPTURES

MEUBLES, TABERNACLES, PORTE, CHEMINÉE MONUMENTALE

BIJOUX ANCIENS, OBJETS DE VITRINE

DONT LA VENTE AURA LIEU

Le Jeudi 7 Février 1895

HOTEL DROUOT, SALLE N° 6

A DEUX HEURES

Me G. BOULLAND
Commissaire-Priseur
26, Rue des Petits-Champs, 26

M. A. BLOCHE
Expert
28, Rue de Châteaudun, 28

EXPOSITION PUBLIQUE

Le Mercredi 6 Février 1895, de 2 h. à 6 h.

CONDITIONS DE LA VENTE

Elle sera faite au comptant.

Les Acquéreurs paieront CINQ POUR CENT en sus des enchères.

Aucune réclamation ne sera admise une fois l'adjudication prononcée.

Paris. — Imp. artistique E. Ménard & Cie, 8, rue Milton

TAPISSERIES, ÉTOFFES

TENTURES

1 — Très remarquable tapisserie de Bruxelles représentant une importante composition : *Scène de chasse*, inspirée des cartons de BERNARD VAN ORLEY.

A gauche débouchant sous bois des gentilshommes et des amazones en riches costumes de l'époque; à droite d'autres chasseurs et gardes avec les chiens qui courent à travers la plaine. La bordure offre au bandeau un écusson, des amours tenant des guirlandes de fruits et d'ornements; sur les côtés, des cariatides se profilant; et dans le bas des moulures d'encadrement.

2-3 — Deux grandes et belles tapisseries du XVIe siècle, représentant des scènes allégoriques à la vie des rois et des reines de l'antiquité dans des camps animés de nombreux petits personnages, avec larges bordures à guirlandes de fleurs.

4 — Grande tapisserie représentant un combat de chats sauvages dans un paysage accidenté, avec bordures à thyrses fleuris, animée d'oiseaux, ornée de corbeilles et de grappes de fruits, époque Louis XIV.

5 — Très beau panneau en brocart d'or et d'argent, dessin à grand ramages et ornements de la fin du XVIe siècle.

6 — Très beau panneau en brocart d'or sur fond vert, dessin à grands ramages et ornements, XVIe siècle.

7 — Chasuble en velours de Gênes, fond d'or, dessin rouge entrelacé de fleurs et de feuillages, XVIe siècle.

8 — Couvre-pieds ou tapis de table, tout en broderie très fine au cordonnet maïs sur fond écru, dessin à rosaces et arabesques, *Scène de chasse,* à petits personnages, nombreux animaux et aux armes de Charles-Quint. Travail ancien.

9 — Très beau tapis d'Orient ancien.

10 — Paire de rideaux, en peluche vieux rose ornée de bandes et bandeaux, en ancienne tapisserie

Renaissance, à petits personnages et animaux dans des paysages.

11 — Grand décor de baie, en velours de lin rouge, richement orné de broderies et passementeries à jardinières fleuries.

OBJETS DE CURIOSITÉ

et d'Ameublement

12 — Très remarquable tabernacle forme tryptique, en bois finement sculpté et rehaussé d'or par parties. L'intérieur d'aspect architectural, à colonnettes cannelées, ornées de têtes de chérubins et de chutes de fruits, supportant le cintre fleuronné ; renferme une statue représentant la Vierge en prières, les volets offrent en bas-relief des rosaces, des vases avec gerbes entrelacées, des fruits et des feuillages, le fronton, une suite d'arabesques feuillagées avec cartouche aux armes de Charles-Quint. L'extérieur est décoré de branchages fleuris au milieu desquels sont perchés des oiseaux et courent des animaux en rouge et or sur fond brun.

13 — Table à réserve en noyer sculpté, époque Henri II, le dessus s'ouvrant à charnière, piettement à gros pilastres ornementés, posant sur traverses à larges assises, dessin à godrons.

14 — Curieux jeu d'échecs en marqueterie de bois de noyer formant tric-trac, dont les pions représentent des personnages légendaires de l'histoire les uns peints en noir, les autres réchampis de blanc, XVIIe siècle.

15 — Glace forme blason avec cadre en fer forgé, accosté de lions héraldiques, surmontée d'une couronne et avec cartouche à alliance d'armoiries dans le bas, XVIe siècle.

16-17 — Deux crédences à deux portes, en bois sculpté avec montant à cariatides, panneaux à rosaces et ornements, en partie du XVIe siècle.

18 — Horloge en bois sculpté, avec cadran en cuivre et émail, signé : ROBINET à Paris, XVIIIe siècle.

19 — Deux chaises Louis XIII en noyer et cuir.

20 — Six grandes chaises à hauts dossiers, recouvertes en cuir brun et garni de gros clous de cuivre.

21 — Groupe en bois sculpté : *Piéta,* sur socle, console d'applique, XVIe siècle.

22 — Magnifique cheminée monumentale Renaissance, en bois sculpté, le haut, supporté par des cariatides d'enfants tenant des guirlandes, et à colonnes torses, est orné d'un panneau de tapisserie représentant le Christ et les apôtres. Le bandeau en bas-relief offre Jupiter, des nymphes et des tritons. Sur les côtés, se détachent deux anges musiciens.

23 — Deux petits meubles crédences, en bois sculpté, style Renaissance.

24 — Deux fauteuils en bois sculpté et clouté, couverts en ancienne tapisserie à bouquets de fleurs enrubannés, époque Louis XIII.

25 — Fauteuil en bois sculpté et clouté, couvert en ancien cuir brun et doré, à armoiries, époque Renaissance.

26 — Glace biseautée, avec cadre en bois d'ébène sculpté à filets, époque Louis XIII.

27 — Très beau meuble à deux corps forme à grand développement et cintré en bois sculpté s'ou-

vrant à huit portes. Les panneaux du bas offrent des sujets de chasse et ceux du haut des cariatides d'enfant sur gaînes, portant des corbeilles de fleurs, des sphynx ailés, des mascarons et des figures d'enfants drapés au milieu de guirlandes fleuries, époque Louis XIV.

28 — Vitrine Louis XIII en bois sculpté, montants à cariatides de personnages sur gaines, chutes de fleurs et fruits, feuilles d'acanthe et godrons.

29-30 — Quatre appliques, à trois lumières, en fer forgé, système à gaz.

31 — Deux appliques anciennes, à cinq lumières en fer forgé, dessin à feuilles d'acanthe, système à gaz (proviennent de la vente Albert Millaud).

32 — Deux petites glaces avec cadres en bois d'ébène et marqueterie de bois, forme architecturale, époque Lois XIII.

33 — Très belle porte de salon en bois, finement sculpté et ajouré, dessin à rosaces et rocailles, époque Louis XV.

34 — Fontaine Renaissance en bois sculpté à mascarons et cariatides, avec lavabo, forme dauphin en étain.

35-36 — Deux coffres en bois sculpté à figures de femmes couchées, sphynx ailés et colonnes à chapiteaux, époque Renaissance.

37 — Deux fauteuils couverts en peluche bleue, avec larges bandes en ancienne tapisserie Renaissance à figures de femmes.

38 — Deux chaises couvertes en peluches vieux rose avec bandes en ancienne tapisserie de la Renaissance à figures de femmes.

39-40 — Deux belles gaines à quatre faces, en noyer sculpté et ajouré à rosaces, fleurons et colonnettes, style Renaissance.

41 — Pouff formé de deux coussins superposés, couverts de peluche olive, dessus en ancienne broderie orientale d'argent à fleurs sur fond de soie rouge cerise.

42 — Six chaises en bois sculpté à rosaces, couvertes d'ancienne tapisserie à fruits et feuillages.

43 — Petite table en noyer sculpté, pieds à colonnettes, dessus en tapisserie fond noir, style Henri II.

44 — Paravent à deux feuilles en ancienne tapisserie de la Renaissance à petits personnages, allégorie à l'histoire de Mme Putiphar, encadrée d'arabesques fleuries.

45 — Coffret en fer, xve siècle.

46 — Quatre colonnes en fer forgé et tors, époque Renaissance.

47 — Deux grilles de fenêtre en fer forgé, époque Louis XIII.

48 — Huit appliques en fer forgé avec vestiges de dorure, époque Louis XIII.

49-50 — Deux braseros en cuivre jaune, époque Louis XV.

51 — Deux jolies consoles en bois sculpté et doré à rocailles, guirlandes et oiseaux, époque Louis XV.

52 — Trois cadres en bois sculpté et doré, époques Louis XIII et Louis XIV.

53 — Petit cabinet Louis XIII en bois orné d'écaille et de filets d'ivoire.

54 — Deux croix et une veilleuse en fer forgé, époque Renaissance.

55 — Cythare avec inscription : *Salvador Real.*

56 — Pied en fer forgé et doré.

57 — Armoirie peinte sur parchemin avec inscription.

58 — Petit cabinet ancien de Perse, orné de peintures à personnages.

59 — Statuette de femme en bois sculpté, allégorie à l'Amérique.

60 — Grande croix en fer forgé et repoussé, époque Louis XIII.

61 — Deux beaux et grands panneaux en bois sculpté et peint, représentant *la Naissance de Jésus et l'Adoration des mages*, époque Louis XIII.

62 — Haut-relief en bois sculpté et peint rehaussé de dorure, représentant *le Père Éternel, la Vierge, l'Enfant et Sainte Anne,* époque Renaissance.

63 — Triptyque en bois offrant en peinture *le Calvaire*, XVIe siècle.

64 — Triptyque avec peintures, représentant *la Vierge, l'Enfant et les Anges*, XVIe siècle.

65 — Groupe en bois sculpté, peint et doré : *La Vierge et l'Enfant*, XVIe siècle.

66 — Petit groupe de Vierge et Enfant en bois sculpté, peint et doré, époque Renaissance.

67 — Très beau groupe en bois sculpté, peint et rehaussé de dorure, représentant *Saint Michel terrassant le dragon*, époque Louis XIII.

68 — Deux potences en fer forgé, époque Renaissance.

69 — Deux petites colonnes en bois sculpté, peint et doré à chapiteaux, époque Louis XIII.

70 — Deux autres, sculptées à rocailles, époque Louis XV.

71 — Trois autres, sculptées à spirales, époque Louis XIII.

72 — Deux panneaux en bois peint et rehaussé d'or offrant des saints dans des médaillons au milieu d'ornements raphaëlesques, époque Renaissance.

73 — Reliquaire en bronze doré et émaillé blanc, orné de coraux, époque Louis XIII.

74 — Deux vases en bois sculpté, Louis XV.

75 — Perroquet sur un monticule en porcelaine.

76 — Assiette bordure verte, offrant des personnages.

77 — Sucrier en porcelaine de Frankenthal, fond rose et blanc.

78 — Petite casserole en porcelaine de Boisette à bouquets de fleurs.

79 — Coq en faïence.

80 — Pichet en faïence, genre hispano-mauresque.

81 — Trois chimères en blanc de Chine.

82 — Plat rond et creux en faïence hispano-mauresque à reflets métalliques et bleutés, XVIIe siècle.

83 — Plat creux et rond en faïence hispano-mauresque à reflets métalliques, dessin de poissons, XVIIe siècle.

84 — Grand pot en terre émaillée verte, époque XVe siècle.

85 — Pendule en marbre noir et bronzes, Ier Empire, cadran signé BARBERY.

86 — Pendule en bronze ciselé et doré à figurine de femme, avec bas-relief, époque Ier Empire.

87 — Pendule d'applique en marqueterie de cuivre et d'écaille, ornée de bronzes, époque Louis XV.

88 — Statuette de femme en bronze, époque Louis XV.

89 — Petit vase sur piédestal orné de lyres en bronze doré, époque Ier Empire.

90 — Statuette de *Saint Jean*.

91 — Petit coffret en écaille, monture en argent gravé.

92 — Coffret en marqueterie d'ivoire, d'écaille et de bois.

OBJETS DE VITRINE

BIJOUX ANCIENS

93 — Paire de pendants d'oreilles, forme fleurs, garnis de strass.

94 — Paire de boucles d'oreilles en émail bleu et strass, forme rosace.

95 — Deux autres pavées de strass.

96 — Deux autres émaux, violet et inscription, entourage strass.

97 — Deux autres, topazes et strass.

98 — Petit cadre ovale en or émaillé.

99 — Bague émail bleu et strass.

100 — Bague forme losange avec peinture et strass.

101 — Croix en argent ornée d'améthystes et d'un strass.

102 — Croix pendentif pavée de strass.

103 — Épingle de cravate ornée de strass.

104 — Trois pièces ornées de strass.

105 — Deux boucles en cuir orné de pierreries bleues.

106 — Deux appliques forme corbeille, ornées de strass.

107 — Deux boutons émaillés bleu et ornés de pierreries.

108 — Diadème tout en strass.

109 — Boucle filigranée et émaillée bleu.

110 — Dix-sept boutons en nacre et strass.

111 — Dix-huit autres boutons anciens.

112 — Reliquaire forme cœur en argent offrant la : *Vierge et le Christ en croix.*

113 — Reliquaire en argent avec peintures représentant : *Saint-Michel* et *Sainte-Catherine.*

114 — Reliquaire en argent doré avec peinture, représentant : *Saint-Michel*, sous verre en cristal de roche.

115 — Porte reliquaire en argent doré.

116 — Six cuillers et six fourchettes en argent doré.

117 — Vingt-sept pièces diverses en argent ; médailles, croix, reliquaires (sera divisé).

118 — Statuette de Saint-Louis en ivoire sculpté.

119 — Christ sur croix en bois et argent doré.

120 — Flacon doré et repoussé.

121 — Deux colliers en agate avec croix en argent.

122 — Trois autres ornés de lapis lazuli, coraux et pierreries.

123 — Collier en argent avec croix filigranée.

124 — Carnet avec peinture, corbeille fleurie et métal argenté, découpé à sujets de chasse.

125 — Bonbonnière avec peinture.

126 — Montre en argent, signé NORTON LONDON.

127 — Diadème orné de strass.

128 — Trois boitiers de montre ornés d'émaux à personnages.

129 — Montre à trois boitiers en argent et écaille.

130 — Collier et deux bracelets en or avec camées à sujets mythologiques.

131 — Collier avec croix en or et émail.

132 — Croix en or et émail orné de strass, époque Renaissance.

133 — Reliquaire en filigrane d'or, orné de perles fines.

134 — Reliquaire en filigrane d'or et perles fines, renfermant un portrait de moine.

135 — Applique en or, portrait de *Charles III d'Espagne.*

136 — Broche en or et argent, ornée de diamants.

137 — Deux pendants d'oreilles en or et diamants dessin à rocailles.

138 — Brochette en or, forme bouquet de fleur, ornée de roses.

139 — Deux paires de boucles d'oreilles ornées de diamants.

140 — Bague en argent doré et émail bleu, orné de strass. Époque Louis XVI.

141 — Autre bague analogue, dessin à rosaces.

142 — Bague en argent doré, ornée de peintures, paillettes et strass, époque Louis XVI.

143 — Bague chevalière, ornée d'une rosace en diamants.

144 — Deux boucles ornées de strass.

145 — Deux autres analogues, mais ovales.

146 — Deux boucles rectangulaires ornées de pierreries de couleur et strass.

147 — Deux boucles ornées de peintures à petits personnages, encadrement de strass.

148 — Paire de boucles en émail bleu et portraits en grisaille, ornés de strass.

149 — Trois autres paires en émail bleu à guirlandes (seront divisées).

150 — Paire de pendants d'oreilles en émail vert et blanc, avec inscription et ornés de strass.

151 — Jolie petite gouache ronde, personnages dans un paysage, dans la manière de Van Blarenberghe.

152 — Deux miniatures rondes, personnages sur une route et près d'un cours d'eau.

153 — Deux cadres renfermant des bustes de personnages en biscuit.

154 — Gravure ronde : *Le petit roi de Rome.*

155 — Miniature ovale : *Femme en corsage rouge.*

156 — Miniature, portrait d'officier sous l'empire.

157 — Miniature ovale : *Napoléon Ier*, signée Sigola 1812.

158 — Miniature ronde, portrait d'amiral de l'empire.

159 — Cinq éventails avec feuilles peintes et gouachées, montures en nacre, corne et ivoire sculpté et gravé.

160 — Peinture sur velours, château près d'un cours d'eau.

161 — L'amour à la torche, peinture sur velours.

162 — Six charnières de portes, en bronze ciselé et doré, époque Louis XV.

164 — Objets omis.

www.ingramcontent.com/pod-product-compliance
Ingram Content Group UK Ltd.
Pitfield, Milton Keynes, MK11 3LW, UK
UKHW020527180726
13839UKWH00005B/2365